W0465581

Eva-Maria Moerke

Deutsch als Zweitsprache systematisch fördern

Verben

Grundlegende Übungen zu Alltagsthemen

Persen

Persen Verlag

Die Autorin:

Dr. Eva-Maria Moerke – Studium der Grundschulpädagogik in Neuzelle mit den Fachrichtungen Arbeitslehre und Schulgartenunterricht, Grundschullehrerin in Eberswalde, Studium der Didaktik und Methodik der deutschen Sprache und Promotion an der Pädagogischen Hochschule Erfurt, tätig in der Lehrerfortbildung und Lehrerin sowie Fortbildnerin im DaF- und DaZ-Unterricht.

Gedruckt auf umweltbewusst gefertigtem, chlorfrei gebleichtem und alterungsbeständigem Papier.

1. Auflage 2013
© Persen Verlag, Hamburg
AAP Lehrerfachverlage GmbH
Alle Rechte vorbehalten.

Das Werk als Ganzes sowie in seinen Teilen unterliegt dem deutschen Urheberrecht. Der Erwerber des Werkes ist berechtigt, das Werk als Ganzes oder in seinen Teilen für den eigenen Gebrauch und den Einsatz im Unterricht zu nutzen. Die Nutzung ist nur für den genannten Zweck gestattet, nicht jedoch für einen weiteren kommerziellen Gebrauch, für die Weiterleitung an Dritte oder für die Veröffentlichung im Internet oder in Intranets. Eine über den genannten Zweck hinausgehende Nutzung bedarf in jedem Fall der vorherigen schriftlichen Zustimmung des Verlages.

Illustrationen: Katharina Reichert-Scarborough, München
Satz: Satzpunkt Ursula Ewert GmbH, Bayreuth

ISBN: 978-3-403-23258-2

www.persen.de

Inhaltsverzeichnis

Einführung

Einige Worte vorweg

Der unflektierte Gebrauch der Verben kommt in Familien mit Migrationshintergrund sehr häufig vor. Beim Einkaufen und für viele Dinge des täglichen Lebens ist der Sprechende so vom Inhalt her ausreichend verständlich und bekommt die Dinge, die er will und braucht.

Aber für die Schule ist es notwendig, die Verben richtig, flektiert und im passenden Tempus zu benutzen. Das fällt vielen Kindern außerordentlich schwer, deshalb wird in diesem Band eine Vielzahl von abwechslungsreichen und stark strukturierten Übungen angeboten.

Das Übungsbuch ist in vier Kapitel gegliedert, die alle gleich aufgebaut sind, sodass ein Wiedererkennungseffekt eintritt. Es ist nicht notwendig, die Kapitel der Reihenfolge nach zu behandeln, sondern die Übungen können bei Bedarf aus jedem Kapitel gewählt werden. Der Schwierigkeitsgrad erhöht sich innerhalb des jeweiligen Kapitels. Es wird immer mit einem kleinen Wimmelbild begonnen, zu dem unbedingt auch gesprochen werden sollte. Die Illustrationen aus dem Wimmelbild finden sich in den Übungen des Kapitels wieder, sodass sich die Verben mit Bildern verbinden und so hervorragend einprägen lassen. Die Flexion im Präsens wird recht formal geübt, das ist zwar nicht kreativ, aber es gibt den Schülern eine große Sicherheit und diese erfüllt sie mit Freude. In jedem Kapitel werden die Verben im Präsens, mit Modalverben, im Perfekt und kurz auch im Präteritum behandelt. Es wird auf die Bedeutungsveränderung durch andere Präfixe und auf reflexive Verben eingegangen.

Durch eine Auswahl an Spielen gibt es weitere Sprech- und Übungsmöglichkeiten. Die Kinder haben an diesen spielerischen Lernformen besonders viel Freude und sind sehr motiviert. Es muss aber zur Regel gemacht werden, dass bei allen Spielen gesprochen wird, denn dadurch erhöht sich der grammatische Übungseffekt beträchtlich.

Ich wünschen Ihnen und Ihren Schülerinnen und Schülern viel Freude und Erfolg beim Arbeiten mit den Verben in der Grundschule.

Eva-Maria Moerke

© Persen Verlag

Anleitungen für die Spiele

Domino

Alle Domino-Spiele können kopiert und laminiert werden, dann kann man sie häufiger verwenden. Zerschneiden Sie die Karten. Jeder der drei Spieler erhält vier Kärtchen. Der erste Spieler legt ein Kärtchen auf den Tisch. Der nächste Spieler legt das passende Kärtchen an und liest die richtige Kombination vor. Wenn er kein passendes Kärtchen hat, muss er aussetzen. Gewinner ist der Spieler, der zuerst alle Kärtchen angelegt hat.
Alternativ kann das Domino in Einzelarbeit auch ausgeschnitten und aufgeklebt werden.

Memo-Spiel

Kopieren und laminieren Sie die Seite mit den Verben und die mit den passenden Illustrationen. Verwenden Sie dabei verschiedenfarbiges Papier. So lassen sich die Kärtchen besser sortieren und aufbewahren. Das Spiel ist für 2–3 Spieler geeignet. Die Kärtchen werden mit den Informationen nach unten auf den Tisch gelegt. Jeder Spieler deckt zwei Kärtchen auf und sagt, was er sieht.
Wenn die Kärtchen zusammenpassen, kann er das Paar behalten. Wenn nicht, werden die Karten wieder verdeckt zurückgelegt. Gewonnen hat der Spieler mit den meisten Paaren.

Bingo (Seite 91)

Jeder Spieler bekommt einen Bingo-Plan und 9 Bilder mit Illustrationen zu Verben. Der Plan wird von jedem Kind so belegt, wie es möchte. Der Spielleiter nennt nun die Verben. Findet ein Spieler das Verb auf seinem Plan, kann er es abdecken. Wer eine Reihe waagerecht, senkrecht oder diagonal abgedeckt hat, ist Bingo-König.

Brettspiel mit Würfeln

Den Spielplan finden Sie auf (Seite 83).

1. Sie können diese Seite auf Pappe im Format A3 kopieren.
2. In die Mitte wird eine Verbkarte gelegt.
3. Drei, vier Spieler bekommen je eine andersfarbige Spielfigur. Alle beginnen bei Start, dieser Punkt ist auch wieder das Ziel. Die Spieler würfeln reihum und setzen ihre Figur auf das jeweilige Personalpronomen. Dann nennen die Spieler das Personalpronomen und das Verb im Präsens. Wenn alle Teilnehmer den Startpunkt erreicht haben, wird die Verbkarte gewechselt.
4. Varianten dieses Brettspiels sind:
   - Personalpronomen mit Verb im Perfekt
   - Personalpronomen mit Verb im Präteritum
   - Personalpronomen mit Modalverb und Verb
   - Sätze mit den Personalpronomen und Verben in verschiedenen Tempi bilden

© Persen Verlag

Anleitungen für die Spiele

Verben-Quartett (Seite 88)

Im Anhang finden Sie ein fertiges Quartett mit einem Beispielwortschatz. Die Kopiervorlage für das Blanko-Quartett können Sie mit den Verben füllen, die Sie gern mit Ihren Schülerinnen und Schülern spielerisch üben möchten.

Jeder Spieler versucht, möglichst viele Quartette zu sammeln. Zu diesem Spiel gehören immer 4 Karten. Wer am Ende die meisten Quartette gesammelt hat, ist der Sieger.

Wie wird gespielt?

1. Die Karten werden gemischt und einzeln an die Spieler verteilt.
2. Die Karten auf der Hand werden nach den Quartetten geordnet.
3. Der Spieler, der links vom Kartengeber sitzt, fängt an. Er fragt irgendeinen Spieler nach einer Karte, die ihm zu einem Quartett fehlt, z. B. Hast du die Karte „ich sitze“ oder hast du die Karte „du sitzt“. Hat der Spieler diese Karte so muss er sie dem anderen Spieler abgeben. Der fragende Spieler darf so lange weiterfragen, bis ein Spieler die gewünschte Karte nicht hat.
4. Dann ist der Spieler an der Reihe, der gerade „Nein, ich habe ... nicht.“ geantwortet hat.
5. Hat ein Spieler ein Quartett auf der Hand, legt er es offen vor sich auf den Tisch.
6. Wer keine Karten mehr auf der Hand hat, wartet ab, bis das Spiel zu Ende ist.
7. Das Spiel ist zu Ende, wenn alle Quartette auf dem Tisch liegen.

Basiswortschatz (Seite 82)

Dieser Basiswortschatz listet Wörter, sprachliche Wendungen und Sätze auf, die grundlegend für die Kinder im alltäglichen Umgang miteinander sind, aber auch im Notfall sehr hilfreich sein können. Das Sprachmaterial kann erklärt, gezeigt oder gespielt werden. Besonders Partnerarbeit oder Rollenspiele eignen sich zum Einüben des Wortmaterials.

© Persen Verlag

1 **Was siehst du auf dem Bild?**

2 **Kreuze an, was die Kinder tun.**

- ☐ lernen
- ☐ rechnen
- ☐ schreiben
- ☐ lesen
- ☐ malen
- ☐ sprechen
- ☐ sitzen
- ☐ stehen
- ☐ fragen
- ☐ antworten
- ☐ erklären
- ☐ singen

© Persen Verlag

Was siehst du auf den Bildern? Klebe die richtigen Wörter auf.

lernen		

lernen	rechnen	schreiben
malen	sprechen	sitzen
stehen	lesen	antworten
fragen	erklären	singen

Eva-Maria Moerke: Deutsch als Zweitsprache systematisch fördern – Verben
© Persen Verlag

Schreibe die verschiedenen Formen der Verben in der Gegenwart auf. Markiere blau, was im Wort gleich bleibt. Markiere die Endungen rot.

schreiben – schreib/**en**	malen – mal/**en**
ich schreib**e**	ich
du schreib**st**	du
er / sie / es } schreib**t**	er / sie / es }
wir schreib**en**	wir
ihr schreib**t**	ihr
sie schreib**en**	sie
Die Lehrerin ______ an der Tafel.	Hamid ______ ein Bild.
stehen – steh/**en**	rechnen – rechn/**en**
ich	ich
du	du
er / sie / es }	er / sie / es }
wir	wir
ihr	ihr
sie	sie
Phuong ______ am Fenster.	Alireza ______ im Heft.
lesen – les/**en**	sprechen – sprech/**en**
ich	ich
du l**iest**	du
er / sie / es } l**iest**	er / sie / es }
wir	wir
ihr les**t**	ihr
sie	sie
Duc ______ einen Text.	Denis ______ mit Ayshe.

Schreibe die verschiedenen Formen der Verben in der Gegenwart auf.
Markiere blau, was im Wort gleich bleibt. Markiere die Endungen rot.

lernen	fragen
ich lern**e**	ich
du lern**st**	du
er / sie / es } lern**t**	er / sie / es }
wir lern**en**	wir
ihr lern**t**	ihr
sie lern**en**	sie
Die Kinder ____________ gemeinsam.	Hamid ____________ die Lehrerin.
antworten	erklären
ich	ich
du	du
er / sie / es }	er / sie / es }
wir	wir
ihr	ihr
sie	sie
Phuong ____________ auf die Frage.	Alireza ____________ die Aufgabe.
sitzen	singen
ich	ich
du	du
er / sie / es }	er / sie / es }
wir	wir
ihr	ihr
sie	sie
Duc ____________ am Fenster.	Denis ____________ ein Lied.

Eva-Maria Moerke: Deutsch als Zweitsprache systematisch fördern – Verben
© Persen Verlag

Nur ein Wort passt. Kreuze den richtigen Buchstaben an.
Schreibe das passende Verb auf.

1. (Lernen) Lernst du heute mit deinen Freunden?
   lerne Ⓐ, lernst Ⓛ, lernt Ⓔ
2. Wir (rechnen) ________________ im Übungsheft.
   rechnen Ⓔ, rechnet Ⓢ, rechnest Ⓓ
3. Achmad und Nina (schreiben) ________________ ein Partnerdiktat.
   schreibe Ⓠ, schreibst Ⓝ, schreiben Ⓡ
4. Ich (malen) ________________ gerne an der Tafel.
   malen Ⓩ, male Ⓝ, malst Ⓐ
5. (Sprechen) ________________ doch darüber mit der Lehrerin!
   sprecht Ⓔ, sprechen Ⓞ, spricht Ⓚ
6. Alle Kinder (sitzen) ________________ an Gruppentischen.
   sitze Ⓘ, sitzen Ⓝ, sitzt Ⓐ
7. Warum (stehen) ________________ du am Fenster?
   stehst Ⓘ, steht Ⓛ, stehen Ⓞ
8. Saho (fragen) ________________ ihre Nachbarin.
   fragen Ⓤ, frage Ⓜ, fragt Ⓢ
9. Die Nachbarin (antworten) ________________ ihr.
   antworten Ⓔ, antwortest Ⓦ, antwortet Ⓣ
10. Die Lehrerin (erklären) ________________ die Aufgabe noch einmal.
    erklärst Ⓐ, erklärt Ⓖ, erklären Ⓧ
11. Ihr (lesen) ________________ den Text leise!
    lese Ⓕ, liest Ⓗ, lest Ⓤ
12. Viele Kinder (singen) ________________ gern im Chor.
    singen Ⓣ, singe Ⓓ, singt Ⓡ

Die richtigen Antworten ergeben einen Lösungssatz:

L __ __ __ __ __ __ __ __ __ __ __ .

1 **Schreibe zuerst zu jedem Bild eine Frage auf.**

2 **Frage eine Partnerin oder einen Partner, was sie gern tun.
Schreibe die Antworten auf.**

Liest du gern?

Ja, ich lese gern.

(oder: Nein, ich lese nicht gern.)

Eva-Maria Moerke: Deutsch als Zweitsprache systematisch fördern – Verben
© Persen Verlag

**Verben verändern sich durch Vorsilben. Schreibe die Verben auf.
Ergänze sie im Satz.**

vor 〉 rechnen 〉 vorrechnen

Die Lehrerin erklärt und rechnet die Aufgabe vor .

ab 〉 rechnen 〉 ____________________

Paula hat das Milchgeld eingesammelt.

Sie __________ alles bei der Lehrerin _____ .

ver 〉 rechnen 〉 ____________________

Emek macht einen Fehler.

Er ________________ sich.

nach 〉 rechnen 〉 ____________________

Anna hat alle Aufgaben gelöst.

Sie ________________ sie noch einmal _______ .

mit 〉 rechnen 〉 ____________________

Saho löst eine Aufgabe an der Tafel.

Die anderen Kinder ________________ _____ .

be 〉 rechnen 〉 ____________________

Memet und Marta sollen für die Klassenfeier einkaufen.

Deshalb ________________ sie, was sie für alle Gäste brauchen.

© Persen Verlag

Schreibe die verschiedenen Formen der Verben in der Gegenwart auf.

vorrechnen	abrechnen
ich rechne vor	ich
du rechnest vor	du
er / sie / es rechnet vor	er / sie / es
wir rechnen vor	wir
ihr rechnet vor	ihr
sie rechnen vor	sie
Die Lehrerin rechnet die Aufgabe vor.	Hamid rechnet das Geld für die Klassenkasse ab.
mitlesen	abfragen
ich	ich
du	du
er / sie / es	er / sie / es
wir	wir
ihr	ihr
sie	sie
Phuong liest den Text nicht mit.	Alireza fragt die Malfolgen in seiner Gruppe ab.
anmalen	absprechen
ich	ich
du	du
er / sie / es	er / sie / es
wir	wir
ihr	ihr
sie	sie
Beim Kinderfest malt Erna das Gesicht ihrer Schwester an.	Denis spricht die Gruppenarbeit mit Ayshe ab.

Eva-Maria Moerke: Deutsch als Zweitsprache systematisch fördern – Verben
© Persen Verlag

Ordne jedem Verb die passende Vorsilbe zu.
Schreibe das Wort auf.

ab-
nach-

schreiben ____________________

mit-
vor-

singen ____________________

ab-
aus-

malen ____________________

ver-
mit-

schreiben ____________________

vor-
ab-

sagen ____________________

mit-
nach-

spielen ____________________

© Persen Verlag

Welches Wort ist falsch? Streiche es durch. Schreibe das richtige Verb darunter.

Ich ~~rechne~~ mit dem Pinsel.

male

Wir rennen in dem Buch.

Emma regnet auf die Frage des Lehrers.

Carlos kann die Aufgabe nicht rechnen. Er fliegt Eva.

Alle Kinder kleben ein Lied.

Maja fährt ihrer Gruppe die Aufgabe.

Beim Sport heißen alle Kinder in einer Reihe.

Alle Kinder frieren gern vor dem Fernseher.

- malen
- lesen
- antworten
- fragen
- singen
- erklären
- stehen
- sitzen

Eva-Maria Moerke: Deutsch als Zweitsprache systematisch fördern – Verben
© Persen Verlag

Was kann ich und was musst du?

Ergänze alle Formen in der Tabelle.
Markiere die Endungen blau. Markiere rot, was sich ändert.

	können	**wollen**	**müssen**
ich	kann	will	
du	kannst		
er – sie – es			muss
wir			müssen
ihr		wollt	
sie	können		

	möchten	**sollen**	**dürfen**
ich			darf
du		sollst	
er – sie – es	möchte		
wir		sollen	
ihr			dürft
sie	möchten		

© Persen Verlag

1 **In jedem Satz fehlt ein Wort. Schreibe ein passendes Verb auf.**

Marta kann Klavier spielen.

Pedro ______________ nicht malen, weil er keinen Pinsel hat.

Du ______________ noch Hausaufgaben machen.

Ihr ______________ leise sein.

______________ ihr ein Eis haben?

können
dürfen
wollen
müssen
sollen
möchten

2 **Welche Sätze sind möglich. Verbinde.**

Paul	können	ein Bild malen.
Die Kinder	kann	die Zusatzaufgabe rechnen.
Die Experten	dürfen	die Aufgabe erklären.
Anna	darf	auf die Frage antworten.
Mohammed	muss	im Chor singen.
Elli	möchte	im Lieblingsbuch lesen.

Eva-Maria Moerke: Deutsch als Zweitsprache systematisch fördern – Verben
© Persen Verlag

Das war gestern in der Schule

1 **Schreibe, was die Kinder gestern in der Schule getan haben. Markiere wie im ersten Satz.**

Die Lehrerin hat die Aufgabe an der Tafel erklärt.

Ali ____________ die Aufgabe gerechnet.

Eli ____________ das Lied gesungen.

Alle ____________ eine Geschichte geschrieben.

Peter ____________ auf die Frage richtig geantwortet.

Ayshe und Emma ____________ in einem Buch gelesen.

Tim ____________ neben der Lehrerin gestanden.

ich ha**be**
du ha**st**
er ha**t**
sie ha**t**
es ha**t**
wir ha**ben**
ihr ha**bt**
sie ha**ben**

2 **Erzähle, was ihr gestern in der Klasse gemacht habt.**

© Persen Verlag

Ein Schulmärchen

Vor langer Zeit lebte das kleine Gespenst Gerda. Die Gespensterfamilie wohnte in einer alten Schule. Nachts spielte Gerda immer am Computer. Dort schrieb, malte und rechnete sie auch. Ganz lange saß sie jede Nacht am Computer. Der Vater schimpfte: „Du musst nachts durch die Schule toben.“ Aber Gerda …

1 **Markiere die Verben in dem Text.**

2 **Schreibe sie in eine Tabelle.**

Gegenwart	**Vergangenheit**
es lebt	es lebte
sie wohnt	
sie spielt	
sie schreibt	
sie malt	
sie rechnet	
sie sitzt	
er schimpft	

Eva-Maria Moerke: Deutsch als Zweitsprache systematisch fördern – Verben
© Persen Verlag

Wortschatz: Im Klassenraum

ich	du	er sie es	wir	ihr	sie

© Persen Verlag

Domino 1

1 **Schneide die Felder aus.**

2 **Klebe alles in der richtigen Reihenfolge in dein Heft oder spielt das Domino.**

START	rechnen		**ENDE**
	malen		schreiben
	sprechen		sitzen
	stehen		fragen
	antworten		lernen
	singen		erklären

Eva-Maria Moerke: Deutsch als Zweitsprache systematisch fördern – Verben
© Persen Verlag

Memo-Spiel (1)

© Persen Verlag

lernen	rechnen	schreiben
malen	sprechen	sitzen
stehen	lesen	antworten
fragen	erklären	singen

Eva-Maria Moerke: Deutsch als Zweitsprache systematisch fördern – Verben
© Persen Verlag

START	 sie	lernt	 ich
rechne	 es	steht	 du
schreibst	 wir	sprechen	 er
sitzt	 ihr	malt	 sie
liest	 sie	singen	 es
fragt	 ich	erkläre	**ENDE**

Eva-Maria Moerke: Deutsch als Zweitsprache systematisch fördern – Verben
© Persen Verlag

1 **Was siehst du auf dem Bild?**

2 **Kreuze an, was die Kinder tun.**

☐ laufen
☐ hüpfen
☐ spielen
☐ klettern
☐ sich vertragen
☐ sich streiten

☐ fangen
☐ sich bewegen
☐ sich verstecken
☐ in Ruhe lassen
☐ schreien
☐ sich entschuldigen

Eva-Maria Moerke: Deutsch als Zweitsprache systematisch fördern – Verben
© Persen Verlag

Was siehst du auf den Bildern? Klebe die richtigen Wörter auf.

laufen		

laufen	sich bewegen	in Ruhe lassen
fangen	sich streiten	schreien
hüpfen	sich entschuldigen	klettern
spielen	sich verstecken	sich vertragen

© Persen Verlag

Schreibe die verschiedenen Formen der Verben in der Gegenwart auf. Markiere blau, was im Wort gleich bleibt. Markiere die Endungen rot.

laufen – lauf/**en**	fangen – fang/**en**
ich laufe	ich
du läufst	du
er / sie / es } läuft	er / sie / es }
wir laufen	wir
ihr lauft	ihr
sie laufen	sie
Die Kinder ______ auf den Hof.	Gustav ______ Mohamed.

hüpfen – hüpf/**en**	spielen – spiel/**en**
ich	ich
du	du
er / sie / es }	er / sie / es }
wir	wir
ihr	ihr
sie	sie
Paula ______ auf einem Bein.	Alex und Duc ______ zusammen.

klettern – kletter/**n**	schreien – schrei/**en**
ich klettere	ich
du kletterst	du
er / sie / es }	er / sie / es }
wir	wir
ihr	ihr
sie	sie
Bert ______ auf einen Baum.	Katharina ______ ganz laut.

Eva-Maria Moerke: Deutsch als Zweitsprache systematisch fördern – Verben
© Persen Verlag

Schreibe die verschiedenen Formen der Verben in der Gegenwart auf.
Markiere blau, was im Wort gleich bleibt. Markiere die Endungen rot.

sich bewegen	sich verstecken
ich bewege mich	ich
du bewegst dich	du
er / sie / es bewegt sich	er / sie / es ______
wir bewegen uns	wir
ihr bewegt euch	ihr
sie bewegen sich	sie
Die Kinder ______ ______ viel.	Konrad ______ ______ hinter einem Strauch.
sich streiten	sich vertragen
ich	ich
du	du
er / sie / es ______	er / sie / es ______
wir	wir
ihr	ihr
sie	sie
Alex und Duc ______ ______ oft.	Dann ______ sie ______ wieder.
sich entschuldigen	in Ruhe lassen
ich	ich lasse … in Ruhe
du	du lässt … in Ruhe
er / sie / es ______	er / sie / es ______
wir	wir
ihr	ihr lasst … in Ruhe
sie	sie
Alex ______ ______ bei Duc.	Alex ______ Duc jetzt in Ruhe.

© Persen Verlag

Nur ein Wort passt. Kreuze den richtigen Buchstaben an.
Schreibe das passende Verb auf.

1. (Klettern) Kletterst du mit auf diesen Baum?
   klettert Ⓐ, kletterst Ⓓ, klettern Ⓚ

2. Wir (laufen) ____________ schnell auf den Schulhof.
   laufen Ⓤ, läuft Ⓢ, läufst Ⓓ

3. Paula und Katharina, ihr (hüpfen) ____________ nun auf einem Bein!
   hüpfe Ⓦ, hüpfst Ⓝ, hüpft Ⓒ

4. Ich (spielen) ____________ gerne Fußball.
   spielen Ⓩ, spiele Ⓘ, spielst Ⓠ

5. Gustav (fangen) ____________ den Ball fast immer.
   fängt Ⓢ, fangen Ⓞ, fangt Ⓚ

6. Die Kinder (sich verstecken) ____________ auf dem Spielplatz.
   verstecke mich Ⓗ, versteckt euch Ⓝ, verstecken sich Ⓣ

7. Warum (schreien) ____________ Duc so laut?
   schreist Ⓦ, schreit Ⓛ, schreien Ⓞ

8. Alex und Duc (sich streiten) ____________ ______ um den Ball.
   streiten sich Ⓤ, streitet euch Ⓜ, streite mich Ⓢ

9. Aber bald (sich vertragen) ____________ sie ______ wieder.
   verträgst dich Ⓐ, verträgt sich Ⓦ, vertragen sich Ⓢ

10. Alex (sich entschuldigen) ____________ ______ bei Duc.
    entschuldige mich Ⓐ, entschuldigt sich Ⓣ, entschuldigst dich Ⓧ

11. Du (in Ruhe lassen) ____________ Konrad in Ruhe!
    lässt Ⓘ, lassen Ⓗ, lasse Ⓤ

12. Viele Kinder (sich bewegen) ____________ gern im Freien.
    bewegt euch Ⓣ, bewegt sich Ⓓ, bewegen sich Ⓖ

Die richtigen Antworten ergeben einen Lösungssatz:

D __ __   __ __ __   __ __ __ __ __ __ .

Lösung: DUC IST LUSTIG

Eva-Maria Moerke: Deutsch als Zweitsprache systematisch fördern – Verben
© Persen Verlag

1 Schreibe zuerst zu jedem Bild eine Frage auf.

**2 Frage eine Partnerin oder einen Partner, was sie gern tun.
Schreibe die Antworten auf.**

Versteckst du dich gern?

Ja, ich verstecke mich gern.

(oder: Nein, ich verstecke mich nicht gern.)

© Persen Verlag

Verben verändern sich durch Vorsilben. Schreibe die Verben auf. Ergänze sie im Satz.

vor | spielen | vorspielen

Die Spielleiterin erklärt und spielt die Szene vor.

mit | spielen | ____________________

Paula und Alex spielen Fußball.

Auch Duc ____________________ dabei gern _____.

ab | spielen | ____________________

Kurz vor dem Tor ____________________ Alex den Ball _____.

nach | spielen | ____________________

Der Schiedsrichter lässt fünf Minuten ____________________.

Die Schüler lesen ein Märchen und ____________________ es ____________________.

mit | laufen | ____________________

Bert und Gustav rennen um die Wette.

Auch Katharina ____________________ dabei _____.

nach | laufen | ____________________

Denis und Luise laufen über den Schulhof. Mohammed und Ayshe

____________________ ihnen schnell ____________________.

auf | fangen | ____________________

Der Apfel kullert vom Tisch. Alex reagiert schnell und ____________________

ihn _________.

Eva-Maria Moerke: Deutsch als Zweitsprache systematisch fördern – Verben
© Persen Verlag

Schreibe die verschiedenen Formen der Verben in der Gegenwart auf.

vorspielen	mitspielen
ich spiele vor	ich
du spielst vor	du
er / sie / es spielt vor	er / sie / es
wir spielen vor	wir
ihr spielt vor	ihr
sie spielen vor	sie
Die Lehrerin spielt die Szene aus dem Lesetext vor.	Katharina und Paula spielen beim Zweifelderball mit.
mitlaufen	umlaufen
ich	ich
du	du
er / sie / es	er / sie / es
wir	wir
ihr	ihr lauft um
sie	sie
Beim Sportfest laufen alle Kinder mit.	Pass auf, sonst läufst du deinen Vordermann noch um.
anfangen	auffangen
ich	ich
du	du
er / sie / es	er / sie / es fängt auf
wir	wir
ihr	ihr
sie	sie
Um 10.00 Uhr fängt die Hofpause an.	Duc fängt den Ball auf.

© Persen Verlag

**Ordne jedem Verb die passende Vorsilbe zu.
Schreibe das Wort auf.**

an-
auf-

fangen ____________________

mit-
vor-

laufen ____________________

hoch-
runter-

klettern ____________________

mit-
ab-

spielen ____________________

ein-
aus-

buddeln ____________________

hoch-
ein-

werfen ____________________

Eva-Maria Moerke: Deutsch als Zweitsprache systematisch fördern – Verben
© Persen Verlag

1 Bilde Sätze. Wähle die Satzteile immer aus jeder Gruppe.

Gruppe 1	Gruppe 2	Gruppe 3
Die Kinder	klettern	gern auf der Gitarre
Der Musiklehrer	hüpfen	bei der Lehrerin
Der Junge	sich streiten	auf einen Baum
Das Mädchen	sich verstecken	um einen Ball
Das Eichhörnchen	sich entschuldigen	laut auf dem Hof
Der Hausmeister	schreien	auf einem Bein
Das Kind	spielen	hinter einem Strauch

Die Kinder entschuldigen sich ______________________________.

2 Spiele Pantomime. Die anderen erraten, was du gerade machst.

a) Du kletterst auf ein Klettergerüst.

b) Du hüpfst auf dem linken Bein.

c) Du entschuldigst dich bei einem anderen Kind.

d) Du versteckst dich hinter einem Baum.

e) Du streitest dich mit einem anderen Kind.

f) Du fängst einen Ball mit beiden Händen.

© Persen Verlag

1 In jedem Satz fehlt ein Wort. Schreibe ein passendes Verb auf.

Duc kann auf einem Bein hüpfen .

Paula __________ sich nicht verstecken, weil alle Kinder hineingehen.

Du __________ dich bei ihr entschuldigen.

Ihr __________ nicht so laut schreien.

__________ ihr euch nicht ein bisschen bewegen?

können
dürfen
wollen
müssen
sollen
möchten

2 Was passt nicht? Streiche durch.

laufen: einen Wettkampf, über den Schulhof, auf der Gitarre

sich entschuldigen: bei der Lehrerin, bei einem Eichhörnchen, bei der Mutter

sich verstecken: auf einem Ball, hinter einem Baum, unter dem Tisch

spielen: Tischtennis, mit dem Bruder, einen Apfel

sich streiten: mit einem Ball, mit der Schwester, mit dem Nachbarn

in Ruhe lassen: meinen Vater, den Freund, das Klettergerüst

Eva-Maria Moerke: Deutsch als Zweitsprache systematisch fördern – Verben
© Persen Verlag

Das war gestern auf dem Schulhof

1 Schreibe, was die Kinder gestern auf dem Schulhof getan haben. Markiere wie im ersten Satz.

Gustav ist auf den Baum geklettert.

Paula ____________ auf einem Bein gehüpft.

Duc ____________ eine gute Zeit gelaufen.

Alle ____________ sich an der frischen Luft bewegt.

Alex und Duc ____________ sich gestern gestritten.

Denis ____________ eine Maus gesehen und laut geschrien.

____________ ihr euch vertragen, fragt die Lehrerin.

Die Kinder ____________ Konrad in Ruhe gelassen.

Er ____________ sich auf dem Schulhof versteckt.

ich ha**be** – ich bin
du ha**st** – du bist
er ha**t** – er ist
sie ha**t** – sie ist
es ha**t** – es ist
wir ha**ben** – wir sind
ihr ha**bt** – ihr seid
sie ha**ben** – sie sind

2 Erzähle, was du gestern gemacht hast und was ihr auf dem Schulhof gemacht habt.

© Persen Verlag

Ein Schulbericht

Gestern übergab die Rektorin den neuen Schulhof. Alle Kinder konnten sich an der frischen Luft bewegen. Sie liefen um die Wette und schrien vor Freude. Einige Mädchen hüpften auf einem Bein. Einige Jungen versteckten sich hinter den Büschen. Alex kletterte auf das neue Spielgerüst. Aber dann stritten sich Alex und Duc. Bald vertrugen sie sich wieder und Alex entschuldigte sich.

1 **Markiere die Verben in dem Text.**

2 **Schreibe sie in eine Tabelle.**

Gegenwart	**Vergangenheit**
sie übergibt	sie übergab
sie können sich bewegen	
sie laufen	
sie schreien	
sie hüpfen	
sie verstecken sich	
er klettert	
sie streiten sich	
sie vertragen sich	
er entschuldigt sich	

Eva-Maria Moerke: Deutsch als Zweitsprache systematisch fördern – Verben
© Persen Verlag

Wortschatz: Auf dem Schulhof

ich	du	er sie es	wir	ihr	sie

© Persen Verlag

Domino 1

1 **Schneide die Felder aus.**

2 **Klebe alles in der richtigen Reihenfolge in dein Heft oder spielt das Domino.**

START	hüpfen		**ENDE**
	schreien		klettern
	spielen		essen
	laufen		sich entschuldigen
	buddeln		sich streiten
	fangen		sich verstecken

Eva-Maria Moerke: Deutsch als Zweitsprache systematisch fördern – Verben
© Persen Verlag

Memo-Spiel (1)

© Persen Verlag

laufen	sich bewegen	in Ruhe lassen
fangen	sich streiten	schreien
hüpfen	sich entschuldigen	klettern
spielen	sich verstecken	sich vertragen

© Persen Verlag

START	 sie	läuft	 ich
fange	 es	hüpft	 du
schreist	 wir	streiten	 er
versteckt sich	 ihr	bewegt euch	 sie
entschuldigt sich	 sie	hüpfen	 es
bewegt sich	 ich	verstecke mich	**ENDE**

© Persen Verlag

1 **Was siehst du auf dem Bild?**

2 **Kreuze an, was die Kinder tun.**

- ☐ gehen
- ☐ helfen
- ☐ klingeln
- ☐ absteigen
- ☐ schieben
- ☐ überqueren

- ☐ fahren
- ☐ sehen
- ☐ anhalten
- ☐ abbiegen
- ☐ aussteigen
- ☐ sich umschauen

Eva-Maria Moerke: Deutsch als Zweitsprache systematisch fördern – Verben
© Persen Verlag

Was siehst du auf den Bildern? Klebe die richtigen Wörter auf.

gehen		

gehen	klingeln	anhalten
fahren	schieben	absteigen
helfen	sich umschauen	aussteigen
sehen	überqueren	abbiegen

© Persen Verlag

Schreibe die verschiedenen Formen der Verben in der Gegenwart auf. Markiere blau, was im Wort gleich bleibt. Markiere die Endungen rot.

sehen – seh/**en**	helfen – helf/**en**
ich sehe	ich
du siehst	du hilfst
er / sie / es } sieht	er / sie / es }
wir sehen	wir
ihr seht	ihr
sie sehen	sie
Die Kinder ______ nach links und rechts.	Der Polizist ______ Robert.

gehen – geh/**en**	klingeln – klingel/**n**
ich	ich klingele
du	du
er / sie / es }	er / sie / es }
wir	wir
ihr	ihr
sie	sie
Sarah ______ zur Straßenbahn.	Piotr ______ laut.

fahren – fahr/**en**	schieben – schieb/**en**
ich	ich
du	du
er / sie / es } **fährt**	er / sie / es }
wir	wir
ihr	ihr
sie	sie
Emilie ______ mit dem Fahrrad zur Schule.	Robert ______ sein Fahrrad nach Hause.

Eva-Maria Moerke: Deutsch als Zweitsprache systematisch fördern – Verben
© Persen Verlag

Schreibe die verschiedenen Formen der Verben in der Gegenwart auf.
Markiere blau, was im Wort gleich bleibt. Markiere die Endungen rot.

anhalten	absteigen
ich halte an	ich
du hältst an	du
er / sie / es hält an	er / sie / es
wir halten an	wir
ihr haltet an	ihr
sie halten an	sie
Das Auto ____________ an der Kreuzung ______.	Charlotte ____________ vom Fahrrad ______.
abbiegen	aussteigen
ich	ich
du	du
er / sie / es	er / sie / es
wir	wir
ihr	ihr
sie	sie
Charlotte und Theo ____________ nach rechts ______.	Sie ____________ aus der Straßenbahn ______.
sich umschauen	überqueren
ich schaue mich um	ich überquere
du	du überquerst
er / sie / es	er / sie / es
wir	wir
ihr	ihr
sie schauen sich um	sie
Ali ____________ ______ ______.	Wir ____________ die Straße.

© Persen Verlag

Nur ein Wort passt. Kreuze den richtigen Buchstaben an.
Schreibe das passende Verb auf.

1. (Fahren) Fährst du auch mit dieser Straßenbahn?
   fahre (C), fährst (B), fahrt (D)

2. Wir (gehen) ____________ schnell zur Haltestelle.
   gehen (U), gehst (F), geht (O)

3. Robert und Charlotte, ihr (schieben) ____________ nun das Fahrrad!
   schiebe (Z), schiebst (A), schiebt (S)

4. Emilie (klingeln) ____________ laut mit der Fahrradklingel.
   klingeln (S), klingelt (F), klingele (I)

5. Ich (sich umschauen) ____________ ________ zu Emilie ________.
   schaue mich um (A), schauen uns um (K), schaut sich um (M)

6. Die Kinder (überqueren) ____________ die Straße.
   überquere (Y), überquerst (F), überqueren (H)

7. Warum (absteigen) ____________ Charlotte vom Fahrrad ________.
   steigen ab (L), steigt ab (R), steigst ab (S)

8. Charlotte und Thao (abbiegen) ____________ nach rechts ________.
   biegen ab (P), biege ab (M), biegst ab (V)

9. Die Autos (anhalten) ____________ an der Kreuzung ________.
   halte an (A), haltet an (D), halten an (L)

10. Emil und seine Oma (aussteigen) ____________ aus dem Bus ________.
    steigst aus (K), steigen aus (Ä), steigt aus (X)

11. Beim Aussteigen (helfen) ____________ Emil seiner Oma.
    hilft (N), helfen (H), helfe (O)

12. Ich (sehen) ____________ schon die Straßenbahn kommen.
    sieht (B), sehen (J), sehe (E)

Die richtigen Antworten ergeben ein Lösungswort:

B __ __ __ __ __ __ __ __ __ __ __

Lösung: BUSFAHRPLÄNE

Eva-Maria Moerke: Deutsch als Zweitsprache systematisch fördern – Verben
© Persen Verlag

1 **Schreibe zuerst zu jedem Bild eine Frage auf.**

2 **Frage eine Partnerin oder einen Partner, was sie gern tun. Schreibe die Antworten auf.**

Fährst du gern Fahrrad?

Ja, ich fahre gern Fahrrad.

(oder: Nein, ich fahre nicht gern Fahrrad.)

Hältst du immer an der roten Ampel an?

Ja, ____________________

____

Klingelst du, wenn ____________________?

____

____

Hilfst du ____________________?

____

____

Siehst du ____________________?

____

____

Zeigst du mit dem Arm an, wenn ____________________?

____

____

Steigst du vom Fahrrad ab, wenn ____________________?

____

____

Bietest du älteren Menschen ____________________?

____

____

© Persen Verlag

Verben verändern sich durch Vorsilben. Schreibe die Verben auf.
Ergänze sie im Satz.

ab | fahren | abfahren

Die Straßenbahn fährt pünktlich ab .

durch | fahren | ____________________

An dieser Haltestelle hält der Bus nicht.

Er ____________________ hier __________, das ist ein Schnellbus.

auf | fahren | ____________________

An der Kreuzung ist ein Unfall. Ein Auto ____________________ auf ein anderes ______.

weg | fahren | ____________________

Unsere Klasse ____________________ in der letzten Schulwoche ______.

Wir machen eine Klassenfahrt auf die Insel Rügen.

aus | steigen | ____________________

Fabiane und Leander sind am Ziel angekommen.

Sie ____________________ aus dem Bus ______.

ein | steigen | ____________________

Der Bus ist da. ____________________ bitte ______, ruft die Lehrerin.

zu | steigen | ____________________

An der nächsten Haltestelle ____________________ viele Leute ______.

Eva-Maria Moerke: Deutsch als Zweitsprache systematisch fördern – Verben
© Persen Verlag

1 **Wähle ein Verb aus. Bilde mit den Vorsilben neue Verben.**

2 **Wie verändert sich die Bedeutung? Sprecht in der Gruppe darüber.**

weg-
aus-
ein-
ab-
nach-
zu-
vor-
gehen
sehen
schieben
mit-
an-
unter-
auf-
durch-
über-
los-
voraus-

3 **Bilde Sätze mit den zusammengesetzten Verben.**

© Persen Verlag

Ordne jedem Verb die passende Vorsilbe zu.
Schreibe das Wort auf.

ab-
aus-

steigen ________________________

durch-
vor-

gehen ________________________

ab-
über-

fahren ________________________

los-
auf-

schieben ________________________

ver-
ab-

biegen ________________________

an-
zu-

halten ________________________

Eva-Maria Moerke: Deutsch als Zweitsprache systematisch fördern – Verben
© Persen Verlag

1 **Bilde Sätze. Wähle die Satzteile immer aus jeder Gruppe.**

Gruppe 1	Gruppe 2	Gruppe 3
Die Kinder	gehen	an der Ampel
Der Busfahrer	fahren	vor dem Überqueren der Straße
Der Junge	helfen	aus der Straßenbahn
Das Mädchen	sich umschauen	einem alten Mann
Die Oma	aussteigen	nach Hause
Die Autofahrerin	anhalten	den Fußgängerüberweg
Das Kind	überqueren	mit dem Bus zur Schule

Die Kinder überqueren ______________________________.

____

____

____

____

____

____

____

____

____

2 **Spiele Pantomime. Die anderen erraten, was du gerade machst.**

a) Du willst über eine Straße gehen.

b) Du hilfst einer Frau beim Aussteigen aus dem Bus.

c) Du fährst Fahrrad und biegst rechts ab.

d) Du klingelst mit der Fahrradklingel.

e) Du steigst in eine Straßenbahn ein.

f) Du schiebst einen Kinderwagen.

© Persen Verlag

1 **Das Verb *helfen* erfordert den Dativ (3. Fall). Setze ein.**

Ich helfe → dem Vater – ihm
→ der Mutter – ihr
→ dem Kind – ihm
→ dir, euch, ihnen, Ihnen

Du hilfst → dem Opa – __________
→ der Oma – __________
→ dem Tier – __________
→ mir, ihm, ihr, uns, ihnen, Ihnen

Er hilft → dem Schüler – __________
→ der Schülerin – __________
→ dem Mädchen – __________
→ mir, dir, ihm, ihr, uns, euch, ihnen, Ihnen

Wir helfen → dem Lehrer – __________
→ der Lehrerin – __________
→ dem Kind – __________
→ dir, ihm, ihr, euch, ihnen, Ihnen

2 **Setze das Verb *helfen* in der richtigen Form ein.**

a) Piotr __________ der alten Frau beim Aussteigen. Er __________ ihr.
b) Die Kinder __________ ihrer Lehrerin. Sie __________ ihr.
c) Paulina __________ ihrem Mitschüler. Sie __________ ihm.
d) __________ ihr mir bitte, ruft die Mutter aus der Küche.
e) Wir __________ dir gerne, antworten die Kinder.
f) __________ du deinem Vater? __________ du ihm?
g) Ich __________ meinem kleinen Bruder bei den Hausaufgaben.
Ich __________ ihm.
h) Das Kind __________ dem alten Mann über die Straße.
Es __________ ihm.

Eva-Maria Moerke: Deutsch als Zweitsprache systematisch fördern – Verben
© Persen Verlag

An der roten Ampel müssen wir warten.
Bei Grün können wir fahren.

1 Ergänze die fehlenden Formen.

müssen	können
ich muss	ich kann
du musst	du kannst
er, sie, es ____________	er, sie, es ____________
____________	____________
wir müssen	wir ____________
ihr ____________	ihr könnt
sie ____________	sie ____________
Sie müssen	Sie können

2 Setze ein: *müssen* oder *können*

a) In der Straßenbahn ____________ Kinder ihren Platz Älteren anbieten.

b) Ich ____________ schon allein mit dem Fahrrad zur Schule fahren.

c) An der roten Ampel ____________ ich warten.

d) Vor dem Überqueren der Straße ________ man nach links und rechts sehen.

e) ____________ ihr mir helfen, fragt die Lehrerin Ali und Charlotte.

f) Zum Unterricht ____________ ihr unbedingt pünktlich sein, ermahnt die Mutter Mustafa und Ibrahim.

g) ____________ Sie mir bitte helfen, fragt Evelyn eine Frau vor dem Entwerten der Fahrkarte.

h) Du ____________ den Bus um 7.30 Uhr nehmen, dann kommst du auch pünktlich.

© Persen Verlag

Das war gestern in der Stadt

1 **Schreibe, was die Kinder gestern in der Stadt getan haben. Markiere wie im ersten Satz.**

Robert ist mit dem Fahrrad zur Schule gefahren .

Emil ____________ mit dem Bus gefahren .

Ali und Sarah ____________ zu Fuß gekommen .

Alle ____________ die Hauptstraße überquert .

Robert ____________ vom Fahrrad abgestiegen .

Er ____________ sich nach rechts und links umgeschaut .

____________ du dein Fahrrad geschoben , fragt die Lehrerin.

Die Kinder ____________ an der Haltestelle ausgestiegen .

Zwei Mütter ____________ mit Kinderwagen in den Bus eingestiegen .

Ein junger Mann ____________ ihnen dabei geholfen .

ich ha**be** – ich bin
du ha**st** – du bist
er ha**t** – er ist
sie ha**t** – sie ist
es ha**t** – es ist
wir ha**ben** – wir sind
ihr ha**bt** – ihr seid
sie ha**ben** – sie sind

2 **Erzähle, was du gestern auf dem Schulweg gemacht hast.**

Eva-Maria Moerke: Deutsch als Zweitsprache systematisch fördern – Verben
© Persen Verlag

1 Suche die Wörter der Vergangenheit und trenne sie mit einem Strich.

2 Ordne sie dann der richtigen Grundform zu und schreibe sie auf.

umgeschautüberquertausgestiegengeschobenabgebogenabgestiegen
angehaltengeklingeltgesehengeholfengefahrengegangen

gehen – er ist gegangen
fahren – es ist ______________________
helfen – sie hat ______________________
sehen – sie hat ______________________
klingeln – es hat ______________________
anhalten – es hat ______________________
absteigen – sie ist ______________________
abbiegen – er ist ______________________
schieben – sie hat ______________________
aussteigen – es ist ______________________
überqueren – er hat ______________________
umschauen – sie hat sich ______________________

3 Wie heißt das passende Verb zum Nomen? Schreibe es auf.

die Klingel – klingeln
der Fahrer – ______________________
der Gehweg – ______________________
der Anhalter – ______________________
die Helferin – ______________________
die Biegung – ______________________
der Ausstieg – ______________________
der Einstieg – ______________________
der Umsteigebahnhof – ______________________
die Bremse – ______________________
der Überweg – ______________________

© Persen Verlag

Ein Zeitungsbericht

Gestern kam es im Stadtzentrum zu einem Verkehrsunfall mit einem Kind. An der Kreuzung Goethestraße/Schillerstraße fuhr der 10-jährige Robert K. mit seinem Fahrrad geradeaus. Aus der Schillerstraße bog ein blauer VW Polo nach rechts ab. Dabei beachtete der PKW-Fahrer das Kind nicht. Robert klingelte laut, er stieg nicht vom Fahrrad ab. So streifte das Auto das Fahrrad noch. Das Kind stürzte, zum Glück verletzte es sich nur leicht. Zwei Schulkinder (Ibrahim G. und Evelyn F.) beobachteten den Unfall und berichteten der Polizei alles. Sie waren Zeugen.

1 **Markiere die Verben in dem Text.**

2 **Schreibe sie in eine Tabelle.**

Gegenwart	**Vergangenheit**
es kommt	es kam
sie sind	sie
er fährt	
sie berichten	
es verletzt sich	
er biegt ab	
es stürzt	
er beachtet	
es streift	
er klingelt	

Eva-Maria Moerke: Deutsch als Zweitsprache systematisch fördern – Verben
© Persen Verlag

Wortschatz: In der Stadt

1 ich	2 du	3 er sie es	4 wir	5 ihr	6 sie

© Persen Verlag

1 **Schneide die Felder aus.**

2 **Klebe alles in der richtigen Reihenfolge in dein Heft oder spielt das Domino.**

START	überqueren		**ENDE**
	sehen		absteigen
	schieben		fahren
	laufen		aussteigen
	anhalten		klingeln
	helfen		gehen

Eva-Maria Moerke: Deutsch als Zweitsprache systematisch fördern – Verben
© Persen Verlag

Memo-Spiel (1)

© Persen Verlag

gehen	klingeln	anhalten
fahren	schieben	absteigen
helfen	sich umschauen	aussteigen
sehen	überqueren	abbiegen

© Persen Verlag

START	 sie	geht	 ich
fahre	 es	klingelt	 du
hilfst	 wir	biegen ab	 er
hält an	 ihr	steigt aus	 sie
schaut	 sie	überqueren	 es
fährt	 ich	steige ein	**ENDE**

Eva-Maria Moerke: Deutsch als Zweitsprache systematisch fördern – Verben
© Persen Verlag

1 **Was siehst du auf dem Bild?**

2 **Kreuze an, was die Kinder tun.**

- ☐ sich duschen
- ☐ sich kämmen
- ☐ die Zähne putzen
- ☐ frühstücken
- ☐ trinken
- ☐ danken
- ☐ sich waschen
- ☐ sich anziehen
- ☐ sich hinsetzen
- ☐ essen
- ☐ bitten
- ☐ abräumen

Eva-Maria Moerke: Deutsch als Zweitsprache systematisch fördern – Verben
© Persen Verlag

Was siehst du auf den Bildern? Klebe die richtigen Wörter auf.

sich duschen		

sich duschen	sich hinsetzen	frühstücken
sich waschen	sich (die Zähne) putzen	essen
sich kämmen	bitten	trinken
sich anziehen	danken	abräumen

© Persen Verlag

Schreibe die verschiedenen Formen der Verben in der Gegenwart auf.
Markiere blau, was im Wort gleich bleibt. Markiere die Endungen rot.

putzen – putz/**en**	trinken – trink/**en**
ich putze	ich
du putzt	du
er / sie / es putzt	er / sie / es
wir putzen	wir
ihr putzt	ihr
sie putzen	sie
Die Kinder ______ ihre Zähne.	Antonie ______ gern Milch.
essen – ess/**en**	frühstücken – frühstück/**en**
ich	ich frühstücke
du isst	du
er / sie / es	er / sie / es
wir	wir
ihr esst	ihr
sie	sie
Doan ______ Reis mit Gemüse.	In der Schule ______ wir zusammen.
bitten – bitt/**en**	danken – dank/**en**
ich	ich
du bittest	du dankst
er / sie / es	er / sie / es
wir	wir
ihr	ihr
sie	sie
Ricarda ______ um die Marmelade.	Wladimir ______ für die Hilfe.

Eva-Maria Moerke: Deutsch als Zweitsprache systematisch fördern – Verben
© Persen Verlag

**Schreibe die verschiedenen Formen der Verben in der Gegenwart auf.
Markiere blau, was im Wort gleich bleibt. Markiere die Endungen rot.**

sich duschen	sich waschen
ich dusche mich	ich
du duschst dich	du wäschst dich
er sie } duscht sich es	er sie } es
wir duschen uns	wir
ihr duscht euch	ihr
sie duschen sich	sie
Niklas ________ ________ jeden Morgen.	Vor dem Essen ________ wir ________ immer die Hände.
sich kämmen	sich anziehen
ich	ich ziehe mich an
du	du
er sie } es	er sie } es
wir	wir
ihr	ihr
sie	sie
Hatice ________ ________ ihr Haar.	________ euch die Sportsachen ____!
sich setzen	abräumen
ich setze mich	ich
du	du räumst ab
er sie } es	er sie } es
wir	wir
ihr	ihr
sie	sie
Ihr ________ ________ jetzt an den Frühstückstisch!	Fabiane ________ den Tisch ____.

© Persen Verlag

Nur ein Wort passt. Kreuze den richtigen Buchstaben an.
Schreibe das passende Verb auf.

1. (sich duschen) Duschst du dich am Morgen?
   duscht ihr Ⓞ, duschst dich Ⓕ, duschen sich Ⓛ
2. Wir (waschen) ______ ______ vor dem Essen die Hände.
   waschen uns Ⓡ, wäschst dir Ⓢ, wasche mir Ⓣ
3. Hatice (kämmen) ______ ______ ihre langen Haare.
   kämme mir Ⓚ, kämmen uns Ⓝ, kämmt sich Ü
4. Ich (sich anziehen) ______ ______ im Kinderzimmer ______.
   ziehst dich an (P), ziehe mich an Ⓗ, zieht euch an Ⓓ
5. Doan (putzen) ______ ______ die Zähne im Badezimmer.
   putze Ⓐ, putzen Ⓜ, putzt sich Ⓢ
6. Die Kinder (sich setzen) ______ ______ an den Frühstückstisch.
   setzen sich Ⓣ, setze mich Ⓙ, setzt euch Ⓢ
7. (frühstücken) ______ ihr in der Schule gemeinsam?
   frühstücken Ⓦ, frühstückt Ⓤ, frühstückst Ⓡ
8. Thao und Jussuf (essen) ______ Reis mit Gemüse.
   essen Ⓒ, esse Ⓟ, isst Ⓢ
9. Luisa (trinken) ______ gern Milch mit Erdbeergeschmack.
   trinken Ⓑ, trinkst Ä, trinkt Ⓚ
10. Friedrich (bitten) ______ Frieda um die Marmelade.
    bitten Ⓧ, bittet Ⓢ, bittest Ⓝ
11. Frieda (danken) ______ ihm dafür.
    dankt Ⓔ, danken Ⓤ, danke (V)
12. Die Kinder (abräumen) ______ zusammen den Tisch ______.
    räumt ab Ⓡ, räume ab Ⓒ, räumen ab Ⓘ

Die richtigen Antworten ergeben ein Lösungswort:

F __ __ __ __ __ __ __ __ __ __ __

Lösung: FRÜHSTÜCKSEI

Eva-Maria Moerke: Deutsch als Zweitsprache systematisch fördern – Verben
© Persen Verlag

1 **Schreibe zuerst zu jedem Bild eine Frage auf.**

2 **Frage eine Partnerin oder einen Partner, was sie gern tun. Schreibe die Antworten auf.**

Duschst du dich gern mit kaltem Wasser?

Ja, ich dusche mich gern kalt.

(oder: Nein, ich dusche mich nicht gern kalt.)

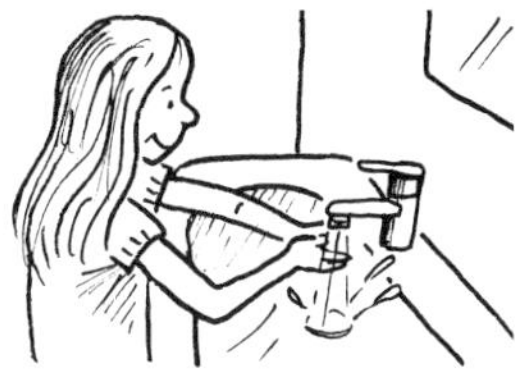

Wäschst du dir vor dem Essen die Hände?

Ja, ______________________________

____

Kämmst du dir gern die Haare?

____

____

Putzt du dir regelmäßig die Zähne?

____

____

Frühstückst du gern ______________________________?

____

____

______________________________?

____

____

______________________________?

____

____

______________________________?

____

____

Verben verändern sich durch Vorsilben. Schreibe die Verben auf. Ergänze sie im Satz.

an > ziehen > anziehen

Thao zieht ihre Sportsachen an.

aus > ziehen > ____________________

Djamila und Hakim ____________________ ihre Fußballschuhe _______.

ab > waschen > ____________________

Nach dem Frühstück ____________________ Aaron seine Tasse _______.

aus > waschen > ____________________

Der Pullover hat einen Fettfleck. Meine Mutter ____________________ ihn _______.

auf > essen > ____________________

Das Frühstück schmeckt lecker. Ich ____________________ alles _______.

aus > trinken > ____________________

Wladimir hat großen Durst. Er ____________________ die ganze Flasche Wasser _______.

ab > räumen > ____________________

Jolina und Niklas, ____________________ bitte nach dem Essen den Tisch _______!

auf > räumen > ____________________

„Lilli, ____________________ bitte dein Zimmer _______“, sagt die Mutter.

hin > setzen > ____________________

Das Frühstück fängt gleich an. Die Kinder ____________________ sich _______.

Eva-Maria Moerke: Deutsch als Zweitsprache systematisch fördern – Verben
© Persen Verlag

1 **Lies die Sätze und markiere wie im Beispiel.**

Bei diesen Verben geht es nur um die eigene Person:

Ich wasche mich im Bad.

Morgens kämmst du dich.

Er zieht sich im Sportraum an.

Wir duschen uns abends.

Bei diesen Verben geht es um eine Person und einen Gegenstand:

Ich wasche mir die Hände.

Morgens kämmst du dir die Haare.

Er zieht sich die Turnschuhe an.

Wir duschen uns abends die Füße.

2 **Setze die Wörter aus dem Kasten in den Text ein.**

sich – sich – sich – putze – putzen – uns – kämmt – duscht – mir – abtrocknen – setzen

Morgens im Badezimmer

Jeden Morgen gibt es Hektik im Badezimmer. Antonie ____________ ________. Ich ____________ ________ die Zähne. Meine Mutter ____________ Frieda die langen Haare. Nun will ____________ Antonie dort auch noch ________________. Jetzt muss Niklas ________ noch die Zähne ____________. Aber bald ____________ wir ________ alle an den Frühstückstisch.

1 Ordne zu.

1	das nasse Geschirr	a	anziehen
2	den Frühstückstisch	b	abwaschen
3	abends die Kleidung	c	umräumen
4	die schmutzigen Teller	d	aufräumen
5	morgens die Kleidung	e	ausziehen
6	sich für den Sportunterricht	f	abtrocknen
7	die Schulmappe für den nächsten Tag	g	abräumen
8	das Kinderzimmer	h	umziehen

1	2	3	4	5	6	7	8
f							

2 Was passt nicht?

a) kämmen: die Haare, den Körper, die Puppe
b) waschen: die Hände, die Teller, die Haare
c) abwaschen: das Geschirr, die Gläser, die Kleidung
d) anziehen: die Sonnenbrille, die Hose, den Pullover
e) essen: das Brötchen, die Milch, die Marmelade
f) trinken: das Obst, die Milch, den Früchtetee
g) bitten: um Hilfe, um das Brot, um die Haare
h) danken: für den Körper, für die Hilfe, für das Brot
i) abräumen: den Tisch, den Frühstückstisch, das Bad
j) putzen: die Zähne, die Haare, die Schuhe

Eva-Maria Moerke: Deutsch als Zweitsprache systematisch fördern – Verben
© Persen Verlag

1 **Bilde Sätze. Wähle die Satzteile immer aus jeder Gruppe.**

Gruppe 1	Gruppe 2	Gruppe 3
Die Kinder	essen	die Sportkleidung
Die Mutter	trinken	am Waschbecken die Hände
Der Junge	sich kämmen	den Frühstückstisch
Das Mädchen	sich waschen	die langen Haare
Die Tante	sich anziehen	täglich mehrmals die Zähne
Der Vater	putzen	gerne Milch
Das Kind	abräumen	ein Ei zum Frühstück

Die Kinder entschuldigen sich ______________________________.

____

____

____

____

____

____

____

____

____

2 **Spiele Pantomime. Die anderen erraten, was du gerade machst.**

a) Du duschst dich mit kaltem Wasser.

b) Du putzt dir gründlich die Zähne.

c) Du kämmst deine Haare.

d) Du ziehst deine Sportschuhe an.

e) Du isst ein Frühstücksei.

f) Du räumst den Tisch ab.

© Persen Verlag

Morgens sollen alle in Ruhe frühstücken.
Es gibt Kinder, die wollen keine Milch trinken.

1 Ergänze die fehlenden Formen.

wollen	sollen
ich will	ich soll
du willst	du sollst
er, sie, es ___	er, sie, es ___
___	___
wir wollen	wir ___
ihr ___	ihr sollt
sie ___	sie ___
Sie wollen	Sie sollen

2 Setze ein: *wollen* oder *sollen*

a) Nach dem warmen Duschen ___ man kurz kalt nachduschen.

b) Vor dem Essen ___ sich alle die Hände waschen.

c) Frieda ___ ihre Haare zur Seite gekämmt haben.

d) Aaron hat neue Turnschuhe bekommen, aber er ___ sie einfach nicht anziehen.

e) Ihr ___ vor dem Schlafengehen eure Zähne putzen!

f) Ihr ___ euch ordentlich hinsetzen, ermahnt die Lehrerin die Kinder.

g) Ich ___ keinen Käse essen, der schmeckt mir einfach nicht.

h) Du ___ die Milch nicht mehr trinken, dann lass' sie stehen.

Eva-Maria Moerke: Deutsch als Zweitsprache systematisch fördern – Verben
© Persen Verlag

Das war am gestrigen Morgen zu Hause

1 Schreibe, was die Personen gestern im Bad und beim Frühstück getan haben. Markiere wie im ersten Satz.

Antonie hat sich im Bad geduscht .

Ich __________ mir meine Zähne geputzt.

Die Mutter __________ Frieda die langen Haare gekämmt.

Alle __________ sich die Hände gewaschen.

Aaron __________ hat die Turnschuhe angezogen.

Die Familie __________ sich an den Frühstückstisch gesetzt.

Der Vater __________ eine Tasse Kaffee getrunken.

Die Kinder __________ Brötchen und Marmelade gegessen.

Jolina und Niklas __________ den Tisch abgeräumt.

ich ha**be**
du ha**st**
er ha**t**
sie ha**t**
es ha**t**
wir ha**ben**
ihr ha**bt**
sie ha**ben**

2 Erzähle, was du gestern früh zu Hause gemacht hast, was ihr gemacht habt.

© Persen Verlag

Ein hektischer Morgen

Gestern fing der Tag wieder hektisch an. Der Wecker klingelte nicht und wir standen zu spät auf. Antonie duschte sich im Bad, während ich mir am Waschbecken die Zähne putzte. Zur gleichen Zeit kämmte meine Mutter Frieda die langen Haare. Die Familie setzte sich nur kurz an den Frühstückstisch. Der Vater trank schnell eine Tasse Kaffee, jedes Kind aß ein Brötchen mit Marmelade. Die Mutter räumte nur die Lebensmittel ab. Dann fuhr uns Papa zur Schule.

1 **Markiere die Verben in dem Text.**

2 **Schreibe sie in eine Tabelle.**

Gegenwart	Vergangenheit
er fängt an	er fing an
er kingelt	
wir stehen auf	
sie duscht sich	
ich putze	
sie kämmt	
sie setzt sich	
er trinkt	
es isst	
sie räumt ab	
er fährt	

Eva-Maria Moerke: Deutsch als Zweitsprache systematisch fördern – Verben
© Persen Verlag

Wortschatz: Im Bad und in der Küche

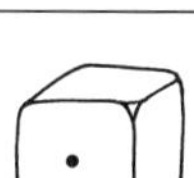	ich		du	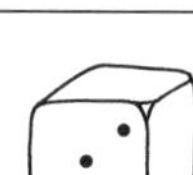	er sie es		wir		ihr		sie

© Persen Verlag

1 **Schneide die Felder aus.**

2 **Klebe alles in der richtigen Reihenfolge in dein Heft oder spielt das Domino.**

START	sich waschen		**ENDE**
	trinken		sich anziehen
	sich hinsetzen		essen
	sich duschen		sich kämmen
	danken		(die Zähne) putzen
	bitten		abräumen

Eva-Maria Moerke: Deutsch als Zweitsprache systematisch fördern – Verben
© Persen Verlag

Memo-Spiel (1)

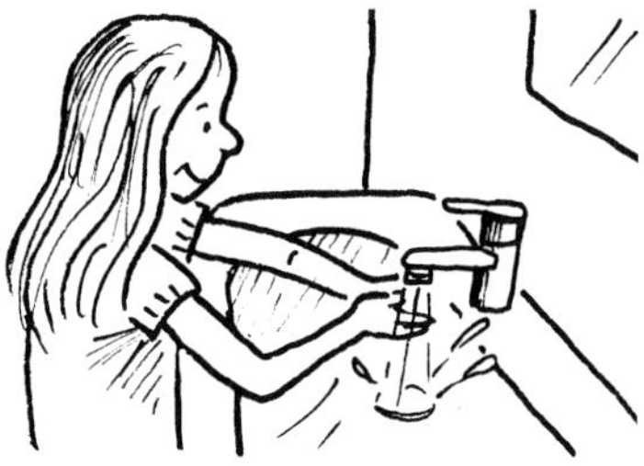

© Persen Verlag

sich duschen	sich hinsetzen	frühstücken
sich waschen	sich (die Zähne) putzen	essen
sich kämmen	bitten	trinken
sich anziehen	danken	abräumen

Eva-Maria Moerke: Deutsch als Zweitsprache systematisch fördern – Verben
© Persen Verlag

Domino 2

START	 sie	duscht	 ich
wasche mich	 es	kämmt sich	 du
dankst	 wir	trinken	 er
frühstückt	 ihr	esst	 sie
putzt	 sie	räumen ab	 es
setzt sich	 ich	ziehe mich an	**ENDE**

© Persen Verlag

Basiswortschatz

Ich heiße …

Ich komme aus (Land).

Ich wohne in (Stadt / Straße und Hausnummer)

Ich gehe in die … Schule.

Ich bin … Jahre alt.

ja – nein

bitte – danke

Ich möchte bitte …

Kann ich bitte … haben?

Ich habe … vergessen.

Entschuldigung, ich habe verschlafen …

Ich weiß es nicht.

Ich verstehe es nicht.

Was muss ich machen?

Wie geht das?

Kannst du mir bitte helfen?

Darf ich spielen gehen?

Kann ich bitte den Schlüssel haben?

Kann ich bitte auf die Toilette gehen?

Ich habe Hunger.

Ich habe Durst.

Mein Kopf (Bein …) tut weh.

Ich möchte nicht.

Ich bin müde.

Wie geht es dir?

Mir geht es gut / nicht so gut / schlecht.

Wo ist …?

© Persen Verlag

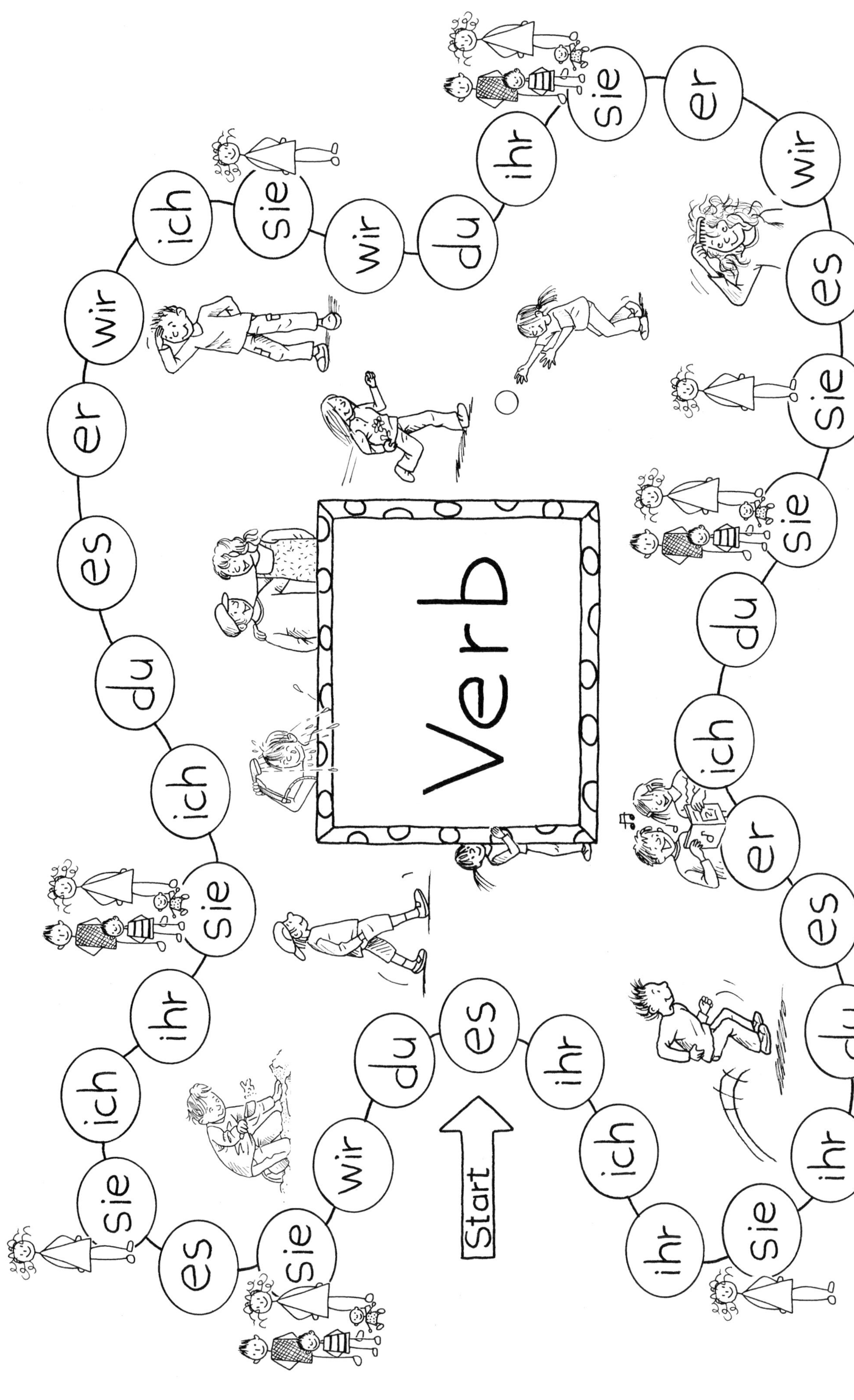
Verb
Start
es
du
wir
sie
es
sie
ich
ihr
sie
ich
du
es
er
wir
ich
sie
wir
du
ihr
sie
er
wir
es
sie
sie
du
ich
er
es
du
ihr
sie
ihr
ich
ihr

Nenne das Thema des Bildes. Wo ist das?	Was siehst du im Vordergrund des Bildes?
Was siehst du im Hintergrund des Bildes?	Was machen die Menschen auf dem Bild?
Was passiert gerade auf dem Bild?	Gibt es Tiere auf dem Bild? Was machen sie?
Gibt es Kinder auf dem Bild? Was machen sie?	Gibt es Erwachsene auf dem Bild? Was machen sie?
Welche Jahreszeit kannst du erkennen? Woran?	Was machen die Personen auf dem Bild? Welche Verben gehören dazu?
Erzähle eine Geschichte zu diesem Bild.	Schreibe eine Geschichte zu dem Bild.
Suche dir eine Person aus. Wie fühlt sich diese Person? Woran kannst du das erkennen?	Hast du schon mal etwas Ähnliches erlebt wie die Personen auf dem Bild? Erzähle.

© Persen Verlag

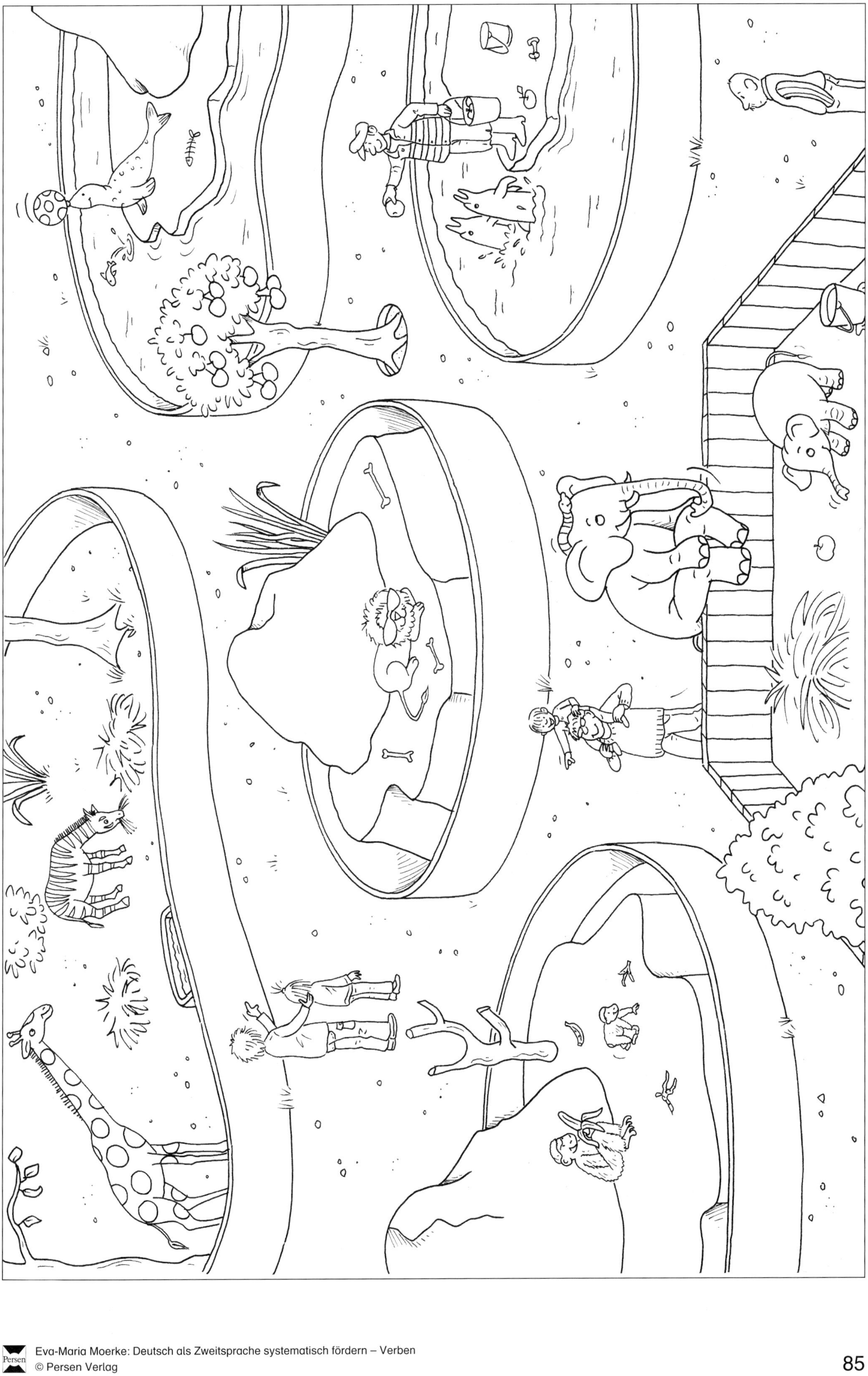

© Persen Verlag

Eva-Maria Moerke: Deutsch als Zweitsprache systematisch fördern – Verben
© Persen Verlag

Verben-Quartett

ich sitze	**du sitzt**	**er sitzt**	**wir sitzen**
du sitzt er sitzt wir sitzen	ich sitze er sitzt wir sitzen	ich sitze du sitzt wir sitzen	ich sitze du sitzt er sitzt
ich stehe	**du stehst**	**er steht**	**wir stehen**
du stehst er steht wir stehen	ich stehe er steht wir stehen	ich stehe du stehst wir stehen	ich stehe du stehst er steht
ich lese	**du liest**	**er liest**	**wir lesen**
du liest er liest wir lesen	ich lese er liest wir lesen	ich lese du liest wir lesen	ich lese du liest er liest

© Persen Verlag

Verben-Quartett

ich singe	**du singst**	**er singt**	**wir singen**
du singst er singt wir singen	ich singe er singt wir singen	ich singe er singt wir singen	ich singe du singst er singt
ich rechne	**du rechnest**	**er rechnet**	**wir rechnen**
du rechnest er rechnet wir rechnen	ich rechne er rechnet wir rechnen	ich rechne du rechnest wir rechnen	ich rechne du rechnest er rechnet
ich spreche	**du sprichst**	**er spricht**	**wir sprechen**
du sprichst er spricht wir sprechen	ich spreche er spricht wir sprechen	ich spreche du sprichst wir sprechen	ich spreche du sprichst er spricht

© Persen Verlag

ich	**du**	**er**	**wir**
du er wir	ich er wir	ich du wir	ich du er
ich	**du**	**er**	**wir**
du er wir	ich er wir	ich du wir	ich du er
ich	**du**	**er**	**wir**
du er wir	ich er wir	ich du wir	ich du er

Eva-Maria Moerke: Deutsch als Zweitsprache systematisch fördern – Verben
© Persen Verlag

Bingo

Bingo

© Persen Verlag

Aktuelle Titel für einen guten Deutschunterricht!

Heike Manthey, Ellen Müller

Vom Wörterlesen zum Textverstehen

Differenzierte Kopiervorlagen zur Entwicklung von Lesekompetenz

Wenn Kinder einzelne Wörter lesen können, heißt das oft noch nicht, dass sie den Sinn des Gelesenen auch verstehen. Mit diesen Arbeitsblättern führen Sie Ihre Schüler/-innen gezielt zur Sinnerfassung von Texten. Dabei gibt es jedes Arbeitsblatt in zwei Varianten: für Kinder mit größeren Leseschwierigkeiten und für fortgeschrittene Kinder. Vom Lesen und Zuordnen einzelner Wörter zu Bildern über das Verstehen größerer Sinneinheiten in Wortgruppen und Sätzen kommen die Kinder schrittweise zum Erschließen von Texten. Dabei führt das Verstehen des Inhalts oft zu einem Lacher – schließlich soll Lesen ja Spaß machen. Die Kopiervorlagen eignen sich ebenso für das selbstständige Lesetraining während der Wochenplanarbeit und im Stationenlernen wie auch für den Unterricht im Klassenverband.
Verbessern Sie das Leseverständnis – Schritt für Schritt!

Buch, 92 Seiten, DIN A4
1. und 2. Klasse
Best.-Nr. 3881

Birgit Holzer

Sachtexte lesen und verstehen - leicht gemacht

Differenzierte Kopiervorlagen zum Thema Tiere

Diese liebevoll illustrierten Sachtexte dienen dem Lesenlernen und -üben. Darüber hinaus finden Sie hier altersgemäße Informationen zu Flora, Fauna und Umweltschutz. Zu 14 verschiedenen Tieren werden Texte in unterschiedlichen Fassungen angeboten: Zwei Versionen für die Klassen 1/2 und zwei Varianten für die Klassen 3/4. Die Texte eignen sich für alle Jahrgangsstufen der Grundschule und sind auch innerhalb einer Klasse für jeden Leistungsstand ideal einsetzbar. Das Buch folgt dem Prinzip des silbischen Lesens: Die Silben der einzelnen Wörter sind daher so gedruckt, dass sie auch nach dem Kopieren noch deutliche sind.
Spannende Texte rund ums Tierreich – für jeden Leistungsstand ideal einsetzbar!

Buch, 64 Seiten, DIN A4
1. bis 4. Klasse
Best.-Nr. 3000

Marita Borchert, Eva-Maria Moerke

Deutsch jahrgangsübergreifend unterrichten

Themenbezogene Arbeitsblätter in drei Differenzierungsstufen

Wenn Kinder von der ersten bis zur dritten Jahrgangsstufe in einer Klasse unterrichtet werden, brauchen Sie fundiertes Material, damit jedes Kind möglichst viel lernt und niemand auf der Strecke bleibt. Dieses Buch bereitet die Themen „Schule", „Eichhörnchen" sowie „Peter und der Wolf" für den jahrgangsübergreifenden Unterricht auf. Jedes Thema wird auf einer Eingangsseite vorgestellt, darauf folgend Arbeitsblätter in drei Differenzierungsstufen für die Bereiche Lesen/Lesenlernen, Schreiben/Schreibenlernen und mündlicher Sprachgebrauch. Nach dem „Expertenprinzip" sollen die Kinder gemeinsam an einem Thema arbeiten und erfolgreich miteinander kooperieren. Lernstandstests geben Ihnen einen Überblick darüber, was jedes Kind gelernt hat.
Vom Lernanfänger zum Pfiffikus – so bringen Sie alle Kinder unter einen Hut!

Buch, 104 Seiten, DIN A4
1. bis 3. Klasse
Best.-Nr. 3340

Elke Mauritius

Vom Satz zum Aufsatz

Handfeste Tipps zum Texteschreiben

Im **Band 1** beginnen die Kinder mit einfachen Formen des alltäglichen Schreibens, wie z. B. Wünsche aufschreiben, sich bedanken, Nachrichten verfassen, eine Einladung schreiben. Schritt für Schritt kommen sie zum Schreiben von Geschichten (Aufbau, wörtliche Rede, treffende Wörter u. v. m.), von Sachtexten (Gliederung, Kürzen von Texten) und Beschreibungen (Gegenstände, Tätigkeiten, Satzanfänge). Viele Beispiele geben Hinweise zum Textaufbau und machen mit unterschiedlichen Methoden der Textarbeit vertraut. Mit einem Korrekturheft und Textbeispielen lernen die Kinder, eigene und fremde Texte zu überarbeiten.
Der **Band 2** enthält die Abschnitte Texte planen (verschiedene Textsorten, Schreibplan, Bildbeschreibung, Wortmaterial sammeln), Texte schreiben (Beschwerden, Entschuldigung, E-Mail, Zeitungsbericht, Sachtexte) und Texte überarbeiten (Wortfelder nutzen, wörtliche Rede ergänzen, Gefühle ausdrücken, Sachtexte überarbeiten sowie ein Korrekturheft für die Schülerhand.
Der universelle Werkzeugkasten für Ihre Schüler. In 2 Differenzierungsstufen!

Band 1
Buch, 92 Seiten, DIN A4
2. bis 4. Klasse
Best.-Nr. 3656

Band 2
Buch, 88 Seiten, DIN A4
2. bis 4. Klasse
Best.-Nr. 3516

Unser Bestellservice:

Das komplette Verlagsprogramm finden Sie in unserem Online-Shop unter

www.persen.de

Bei Fragen hilft Ihnen unser Kundenservice gerne weiter.

Deutschland: ✆ 040/32 50 83-040 · Schweiz: ✆ 052/366 53 54 · Österreich: ✆ 0 72 30/2 00 11